INSTRUCTION DU 18 MARS 1896

CONCERNANT

CERTAINES DISPOSITIONS SPÉCIALES

AUX

MILITAIRES DE LA RÉSERVE

ET DE

L'ARMÉE TERRITORIALE

2e édition mise à jour jusqu'en juillet 1904.

PARIS
HENRI CHARLES-LAVAUZELLE
Éditeur militaire
10, Rue Danton, Boulevard Saint-Germain, 118

(MÊME MAISON A LIMOGES)

INSTRUCTION DU 18 MARS 1896

CONCERNANT CERTAINES DISPOSITIONS SPÉCIALES AUX

MILITAIRES DE LA RÉSERVE

ET DE

L'ARMÉE TERRITORIALE

Le décret du 17 octobre 1895 a posé les règles générales d'administration que comporte le rattachement des corps de réserve et des corps territoriaux aux corps de troupe de l'armée active.

Antérieurement à ce décret, une instruction ministérielle du 28 décembre 1894 est déjà intervenue pour le paiement des frais de route des militaires de la réserve et de l'armée territoriale au titre des corps de rattachement.

Mais, pour les autres services, les dispositions du décret du 17 octobre 1895 nécessitent des mesures de détail destinées à assurer un mode uniforme d'administration pour les corps de réserve et de l'armée territoriale.

La présente instruction, qui reproduit les dispositions de l'instruction ministérielle du 28 décembre 1894 applicable aux hommes de la réserve et de l'armée territoriale en ce qui concerne les frais de route, a pour but d'indiquer, en même temps, les mesures particulières relatives aux autres services (solde, habillement, subsistances, etc.).

Cette instruction, qui concerne le temps de paix, abroge toutes les dispositions contraires, notamment les dispositions de l'instruction ministérielle du 7 mai 1891 et entre en vigueur à compter de sa date.

TITRE Ier.

TRANSPORTS PAR VOIES FERRÉES.

Art. 1er. Les hommes qui ont à faire usage des voies ferrées pour se rendre à leur première destination sont admis à voyager à prix réduit, sur la présentation de leur livret contenant la feuille spéciale ou le récépissé tenant lieu éventuellement de livret ou d'ordre d'appel individuel; mais sauf l'exception prévue à l'article 28, ont seuls droit à ce transport à prix réduit, les hommes partant de leur domicile légal ou de la résidence régulièrement déclarée par eux à la gendarmerie ou de la localité où ils se trouvent quand ils ont été régulièrement autorisés à voyager en France.

Tout homme se présentant aux gares sans l'une des pièces ci-dessus indiquées, ou partant d'un point autre que son domicile légal ou sa résidence déclarée, ou se détournant de la voie la plus directe, ne peut prétendre au transport à prix réduit sur les chemins de fer. Toutefois, le paiement de l'indemnité de transport à prix réduit lui est fait par rappel à son arrivée au lieu de réunion.

Les mesures nécessaires sont prises pour que le bénéfice du tarif réduit ne puisse être refusé aux militaires retenus sous les drapeaux pour maladie, punitions, etc., après la période d'instruction.

Les officiers ont droit, sur la présentation de leur ordre de convocation, au transport à prix réduit sur les voies ferrées. Ceux d'entre eux qui, en raison de leur grade, seraient montés s'ils appartenaient à l'armée active, peuvent être autorisés par les commandants de corps d'armée à emmener un seul cheval avec eux, quel que soit leur grade. L'Etat prend à sa charge le transport de ces chevaux par voie de fer, à condition que l'autorisation de les emmener soit spécialement mentionnée sur l'ordre de convocation des officiers auxquels ils appartiennent (avec indication sommaire du signalement), que le parcours soit d'au moins 60 kilomètres par la voie de terre et que les chevaux soient accompagnés d'un militaire ou que le possesseur voyage dans le même train. Les officiers doivent se faire délivrer, par le sous-intendant militaire, une feuille de route avec un bon de chemin de fer destiné à assurer le transport des chevaux aux frais de l'Etat.

Les militaires de la réserve et de l'armée territoriale, qui accompagnent sur les voies ferrées les chevaux des officiers réservistes ou territoriaux dûment autorisés à emmener leur monture, reçoivent l'indemnité journalière exceptionnelle fixée à 2 fr. 50 par jour.

TITRE II.

INDEMNITE DE ROUTE.

§ 1er. — *Officiers.*

Droit aux allocations.

Art. 2. Le droit des officiers à l'indemnité de route est déterminé, d'une manière générale, par le règlement sur le service des frais de route, sauf en ce qui concerne l'allocation de l'indemnité de séjour qui ne se cumule jamais avec la solde. Le taux des allocations est le même que celui fixé pour les officiers de même grade ou assimilés de l'armée active absents temporairement de leur résidence.

Convocations pour périodes d'instruction, stages, conférences et cours pratiques sur le service des étapes, grandes manœuvres, exercices à feu, pour être inspectés, etc.

Art. 3. Les officiers convoqués pour des périodes d'instruction, etc., ne cumulent jamais la solde avec l'indemnité de route qui leur est acquise pour les journées d'aller et de retour, sauf l'exception prévue à l'article 4.

Dans le cas de convocation à des périodes d'instruction, les règles à appliquer sont celles indiquées à l'article 49 ci-après.

L'indemnité fixe ne leur est jamais allouée lorsque, d'après l'ordre de convocation, ils ne doivent pas être absents plus de trois jours de leur résidence.

Si l'officier est convoqué au lieu même de sa résidence pour assister à une conférence ou être inspecté, il n'a droit à aucune allocation de route ou de solde (1).

Officiérs appelés en témoignage devant un conseil de guerre ou d'enquête, ou traduits devant un conseil de guerre ou d'enquête.

Art. 4. Dans ce cas, l'indemnité de route due pour les journées d'aller et de retour n'est pas exclusive de la solde, lorsque le voyage et la séance ont lieu dans la même journée.

Officiers convoqués pour subir une punition disciplinaire.

Art. 5. Les officiers ont droit à l'indemnité de séjour pour toute la durée de la punition et à l'indemnité de route pour l'aller et le retour, à l'exclusion de la solde.

---

(1) *Circulaire relative à la solde à allouer aux officiers de réserve ou de l'armée territoriale convoqués, au lieu même de leur résidence, pour assister à des conférences et exercices pratiques de réquisition.*

Paris, le 29 mai 1900.

Aux termes de l'article 3 de l'instruction ministérielle du 18 mars 1896, l'officier de réserve ou de l'armée territoriale convoqué au lieu même de sa résidence pour assister à une conférence ou être inspecté, n'a droit à aucune allocation de route ou de solde.

Les cas visés par cette disposition sont ceux qui ne comportent pour les officiers qu'un dérangement de quelques heures.

Le Ministre fait connaître, en conséquence, qu'une journée de solde est due à l'officier de réserve ou de l'armée territoriale qui est convoqué, au lieu même de sa résidence, pour assister à une conférence et prendre part ensuite dans la même journée à un exercice pratique de réquisition, attendu que, dans ce cas particulier, l'officier reste effectivement maintenu pendant une journée tout entière à la disposition de l'autorité militaire.

Officiers ayant accompli un stage dans un pays outre-mer.

Art. 6. Lorsque, pour rentrer dans leurs foyers, les officiers venant d'outre-mer en France sont obligés d'attendre plusieurs jours au port d'embarquement, ils ont droit, pendant ce temps, à l'indemnité de séjour.

Officiers accomplissant un stage dans une place de leur choix.

Art. 7. Les officiers qui demandent à faire un stage dans une place autre que celle qu'ils doivent rejoindre en cas de mobilisation, n'ont droit qu'à une indemnité de route au plus égale à celle qui leur serait due s'ils se rendaient dans cette dernière place.

Paiement des indemnités pour l'aller.

Art. 8. Les officiers sont payés de leurs indemnités pour l'aller, soit par anticipation sur mandat individuel, soit à l'arrivée au corps, par le trésorier des corps actifs de rattachement.

Paiement des indemnités pour le retour.

Art. 9. Les officiers sont payés des frais de route pour rentrer dans leurs foyers par les soins des corps actifs de rattachement et dans les mêmes conditions que les officiers des corps de troupe de l'armée active.

§ 2. — *Hommes de troupe.*

A. Principes généraux.

Droit aux allocations.

Art. 10. Les parcours effectués par les réservistes et territoriaux pour répondre à un ordre d'appel sont calculés, savoir :

Pour les hommes en résidence dans la subdivision de région de leur domicile, comme s'ils partaient du chef-lieu de canton auquel appartient la commune où ils résident pour se rendre au lieu de leur destination;

Pour les hommes se trouvant en dehors de la subdivision de région de leur domicile par suite de changement de résidence déclarée, comme s'ils partaient du chef-lieu de la subdivision de région où ils résident et se rendaient au chef-lieu de la subdivision de région dans laquelle est situé le point à rejoindre.

Les hommes de la réserve et de l'armée territoriale qui, résidant dans un pays limitrophe de la frontière française, peuvent, en raison de cette circonstance, être convoqués pour accomplir une période d'instruction, sont rapatriés, sur la production de leur ordre de convocation, par les agents diplomatiques et consulaires à l'étranger, au compte du département de la guerre, lorsqu'ils sont reconnus comme étant sans ressources pour faire le voyage.

En conséquence, aucune indemnité de route ne leur est payée à leur arrivée au corps.

Mais, pour le retour, les intéressés reçoivent par les soins des corps où ils ont accompli une période d'instruction, les frais de route pour le parcours à effectuer pour rejoindre les localités où ils sont en résidence à l'étranger.

Quant aux hommes en résidence dans un pays limitrophe, convoqués pour accomplir une période d'instruction, sans être rapatriés par les soins des agents diplomatiques et consulaires, ils sont traités, au point de vue des frais de route, comme s'ils partaient du chef-lieu de la subdivision de région dont fait partie la localité près de laquelle ils franchissent la frontière et se rendaient au chef-lieu de la subdivision dans laquelle se trouve le point à rejoindre

Cas particuliers.

Art. 11. Les hommes en résidence régulière hors de leur subdivision et qui doivent rejoindre :

Dans la subvision de Digne, les places de Colmars et d'Entrevaux;

Dans la subdivision de Marseille, la place d'Aix;

Dans la subdivision de Gap, les places de Tournoux et de Saint-Vincent;

Dans la subdivision de Perpignan, les places de Bellegarde, Fort-les-Bains, Montlouis et Villefranche;

Dans la subdivision de Neufchâteau, les places d'Epinal, Remiremont et Bruyères;

Dans la subdivision de Gap, la place de Briançon;

Dans la subdivision de Nancy, la place de Saint-Dié;

Dans la subdivision d'Epinal, la place de Rambervillers;

Dans la subdivision de Mézières, la place de Stenay:

Reçoivent l'indemnité de route calculée depuis le chef-lieu de la subdivision où ils résident jusqu'à destination.

Art. 12. L'homme qui, en changeant régulièrement de résidence n'a pas quitté sa subdivision de région, doit être considéré comme partant du chef-lieu de canton dans lequel se trouve sa nouvelle résidence.

Art. 13. L'homme qui, ayant changé régulièrement de résidence, a fixé cette résidence dans la subdivision de région de son lieu de convocation, n'a pas droit aux frais de route.

Art. 14. Tout homme appelé, partant d'un point autre que son domicile légal ou sa résidence régulière, a droit aux frais de route calculés d'après la situation de ce domicile ou de cette résidence, sauf l'exception prévue à l'article 28.

Art. 15. L'homme qui se rend à son corps, bien que n'étant pas convoqué, reçoit, pour l'aller et le retour, des frais de route décomptés d'après la position de son domicile ou de sa résidence régulière, quand sa bonne foi ne peut être mise en doute.

Art. 16. Les hommes qui se sont vu légitimement refuser le transport au quart du tarif et ont dû, par suite, payer place entière, reçoivent l'indemnité kilométrique de 0 fr. 016 comme s'ils avaient voyagé à prix réduit.

Art. 17. Les réservistes et territoriaux contraints, pour des raisons de force majeure dûment constatées, de passer en route plus d'une journée pour une distance de 360 kilomètres parcourus en chemin de fer, sont payés, par rappel, de l'indemnité journalière d'après le nombre de journées effectivement passées en route.

Art. 18. Tout homme maintenu à l'hôpital après le renvoi de la classe convoquée pour une période d'instruction a droit, pour rejoindre ses foyers, à des frais de route décomptés dans les mêmes conditions que pour les réservistes et territoriaux qui ont accompli une période d'instruction dans cet hôpital.

B. Règles d'allocation.

Décompte des indemnités à l'aller.

Art. 19. Les points extrêmes des parcours étant déterminés comme il a été dit aux articles précédents, les hommes considérés comme n'ayant pas eu à franchir une distance au moins égale à 25 kilomètres, tant sur les routes ordinaires que sur les chemins de fer, n'ont droit à aucune allocation de route.

Art. 20. Pour un trajet égal ou supérieur à 25 kilomètres, les hommes reçoivent, à l'aller :

1° L'indemnité kilométrique pour la portion de trajet parcourue en chemin de fer (l'indemnité kilométrique n'est pas due pour les parcours effectués sur les routes ordinaires) ;

2° L'indemnité journalière d'après l'itinéraire qui leur confère le droit aux frais de route.

Décompte des indemnités pour le retour.

Art. 21. Pour le retour les hommes reçoivent :

L'indemnité kilométrique sur voies ferrées et l'indemnité journalière, si leur itinéraire comporte un parcours en chemin de fer au moins égal à 37 kilomètres ;

L'indemnité journalière seule, si le parcours est au moins égal à 25 kilomètres et inférieur à 37.

Art. 22. Aucun prélèvement ne peut être fait sur l'indemnité de route due pour le retour, quand bien même l'homme aurait été nourri au corps le jour de son départ.

Art. 23. L'homme autorisé à se rendre exceptionnellement dans une localité autre que son domicile légal ou sa résidence déclarée ne peut, en aucun cas, recevoir une indemnité supérieure à celle qui lui serait allouée pour rejoindre ce domicile ou cette résidence.

Taux des indemnités.

Art. 24. Le taux de l'indemnité kilométrique est uniformément fixé à 0 fr. 016, et celui de l'indemnité journalière à 1 fr. 25, quel que soit le grade.

Barêmes d'indemnité de route.

Art. 25. Le calcul des distances kilométriques et les décomptes des indemnités kilométrique et journalière s'établissent à l'aide des barèmes d'indemnité de route tenus et mis à jour par les fonctionnaires de l'intendance.

Les barèmes des trésoriers des corps sont tenus et mis à jour dans les conditions prévues par la note ministérielle du 19 mars 1893.

Indemnité journalière spéciale.

Art. 26. Les hommes qui, d'après la situation de leur domicile ou de leur résidence, n'ont pas droit aux frais de route pour rejoindre, reçoivent, le jour de leur arrivée au corps, l'indemnité journalière spéciale prévue par l'article 3 du décret du 29 janvier 1879.

Elle n'est jamais due pour le retour.

Cette indemnité, exclusive de toute prestation en deniers et en nature, est uniformément fixée à 1 fr. 25 pour les hommes de troupe de tous grades.

Elle est due aux hommes qui résident au lieu même de leur convocation.

C. Règles générales de paiement.

Art. 27. Les allocations de route auxquelles les hommes ont droit leur sont payées, par rappel, au corps.

Cas d'exception.

Art. 28. Par exception à cette règle, l'indemnité de route peut être allouée d'avance à l'homme qui, étant en résidence hors de la subdivision de région de son domicile, déclare au sous-intendant militaire ne pas avoir les ressources nécessaires pour rejoindre.

La somme qui lui est payée, et qui varie selon qu'il a fait ou non les déclarations réglementaires de changement de résidence, est inscrite en petits caractères, à l'encre rouge, par le fonctionnaire de l'intendance sur l'ordre d'appel dont il est porteur.

Avis de ce paiement est donné au corps sur lequel est dirigé l'homme.

Art. 29. L'indemnité de route peut encore être allouée exceptionnellement par anticipation, après les formalités indiquées ci-après, au réserviste ou à l'homme de l'armée territoriale qui se présentera au fonctionnaire de l'intendance d'une subdivision autre que celle de son domicile ou de sa résidence régulière, pour être dirigé sur son corps d'affectation et déclarera avoir perdu son livret et son ordre d'appel et être absolument sans ressources.

Les déclarations de l'homme entendues, le sous-intendant militaire devra immédiatement procéder à une enquête faite au moyen d'un télégramme adressé au corps d'affectation en vue d'obtenir les renseignements nécessaires pour établir l'identité de l'homme. Cette identité reconnue, le fonctionnaire de l'intendance délivrera à l'homme convoqué une feuille de route avec bon de chemin de fer valable du lieu où l'homme s'est présenté, à son point de convocation. Il lui allouera, en outre, l'indemnité journalière calculée sur la distance à parcourir.

Avis du paiement sera donné au corps par le sous-intendant militaire.

1° Réservistes.

Art. 30. La veille du jour ou le jour même de la convocation les commandants de compagnie, d'escadron ou batterie établissent, en simple expédition, d'après les renseignements qui leur sont fournis par le major, une liste nominative des réservistes auxquels ils doivent payer les frais de route (modèle n° 139 A de la nomenclature des imprimés de la guerre).

Le jour de l'arrivée des hommes, cette liste est complétée suivant les indications portées sur les ordres d'appel individuels, y compris l'heure de la convocation qui doit être indiquée par la mention : « avant midi ou après midi ». Les hommes qui, pour un motif quelconque, n'y auraient pas été compris, y sont ajoutés et ceux qui n'auraient pas rejoint, sont effacés.

Cette liste, accompagnée des ordres d'appel, est remise le lendemain au trésorier, qui la décompte et la totalise.

Aussitôt qu'il a vérifié et totalisé les listes qui lui ont été remises par les commandants d'unités et au plus tard trois jours après l'arrivée des hommes, le trésorier dresse un bordereau récapitulatif de ces listes (modèle n° 1, modifié ci-joint) et en paye le montant aux commandants d'unités dans la forme prévue pour le payement du prêt de la troupe et leur remet la liste nominative qui les concerne, ainsi que les ordres d'appel des hommes qui y figurent.

Dès qu'ils sont en possession de la liste décomptée et de la somme qui y est portée, les commandants d'unités remettent à chaque homme la somme qui lui revient et au fur et à mesure des payements font émarger l'intéressé en regard de son nom.

Dans le cas où les hommes ayant droit à l'indemnité journalière prendraient le jour de l'arrivée le repas du soir dans leurs unités respectives, le montant leur en serait retenu par les commandants d'unités sur l'indemnité journalière à leur payer. Les sommes retenues seront versées à l'ordinaire qui en fera recette, elles n'en figurent pas moins comme payées aux hommes sur la liste 139 A.

Les hommes qui ont consenti à cette retenue sont portés sur un état nominatif qu'ils émargent en même temps que la liste 139 A. Cet état certifié par le commandant de l'unité est mis à l'appui de la recette inscrite au livret d'ordinaire.

Les payements terminés, les commandants d'unité arrêtent en toutes lettres la somme payée par eux et en certifient le payement. Ils remettent ensuite au trésorier la liste ainsi arrêtée.

Art. 31. Si, pour un motif quelconque, des hommes sont susceptibles d'être renvoyés dès leur arrivée, leurs droits sont examinés d'urgence et la somme qui leur revient leur est payée sans retard par les soins du trésorier sur la production, par les commandants d'unités, d'une liste nominative modèle 139 A portant décompte des frais de route pour l'aller et le retour.

Art. 32. Le trésorier, après avoir constaté à l'aide des listes nominatives certifiées par les commandants d'unités que les sommes qui leur ont été remises ont été payées aux ayants droit, porte le montant de ces payements au registre de route par une seule inscription mentionnant le nombre d'hommes et le total des payements.

Il est procédé de la même façon pour le payement des indemnités dues aux hommes arrivés après la date de la convocation.

La liste arrêtée par les commandants d'unités est jointe à l'extrait du registre de route qui est adressé mensuellement au sous-intendant militaire chargé du service des frais de route.

2° Territoriaux.

Art. 33. En vue d'assurer sur les fonds généraux de la caisse d'un corps actif, le payement des indemnités de route dues aux territoriaux, les majors des corps actifs de rattachement font établir en simple expédition par unité territoriale, la veille du jour de la convocation, des listes nominatives conformes au modèle 139 A de la nomenclature.

Le jour de l'arrivée des hommes, ces listes sont complétées suivant les indications portées sur les ordres d'appels individuels y compris l'heure de la convocation qui doit être indiquée par la mention « avant midi ou après midi ». Les hommes qui, pour un motif quelconque, n'y auraient pas été compris sont ajoutés et ceux qui n'auraient pas rejoint sont effacés.

Ces listes, accompagnées des ordres d'appel, sont remises le lendemain au trésorier qui les décompte et les totalise.

Aussitôt qu'il a vérifié et totalisé les listes qui lui ont été remises par le major, et, au plus tard, trois jours après l'arrivée des hommes, le trésorier dresse un bordereau récapitulatif de ces listes (modèle n° 1 modifié ci-joint) et remet à chaque commandant d'unité territoriale :

La liste nominative qui le concerne,

Les ordres d'appel des hommes qui y figurent,

Les fonds nécessaires pour le payement des indemnités dues aux hommes de son unité.

Les commandants d'unité donnent reçu de ces fonds sur le bordereau récapitulatif.

Pour le payement aux intéressés et la remise ultérieure des listes au trésorier, ils se conforment aux prescriptions de l'article 30 ci-dessus.

Dans le cas où des hommes ayant droit à l'indemnité journalière prendraient, le jour de l'arrivée, le repas du soir dans les unités actives correspondantes, il serait procédé, pour la retenue à opérer sur l'indemnité journalière, comme il est indiqué pour les réservistes à l'article 30, 6ᵉ et 7ᵉ alinéas.

Art. 34. Si pour un motif quelconque, des hommes sont susceptibles d'être renvoyés dès leur arrivée, leurs droits sont examinés d'urgence et la somme qui leur revient leur est payée dans les conditions indiquées à l'article 31 précité.

Art. 35. Le trésorier, après avoir constaté à l'aide des listes nominatives certifiées par les commandants d'unités que les sommes qui leur ont été remises, ont été payées aux ayants droit, procède, en ce qui concerne l'inscription au registre de route et la destination à donner aux listes nominatives, comme il a été dit à l'article 32 ci-dessus.

La liste nominative 139 A de la nomenclature des imprimés de la guerre, sera modifiée lors du premier tirage qui en sera fait et deux colonnes, destinées à recevoir l'une la mention de l'arrivée et l'autre la signature des hommes, seront ajoutées à ce document.

Mais en attendant cette modification, les imprimés actuels seront utilisés et la mention de l'arrivée et la signature des hommes seront mises dans la colonne d'observations.

Justification de la dépense.

Art. 36. Le trésorier justifie des sommes qu'il a avancées sur les fonds généraux de la caisse du corps, pour le paiement des indemnités de route dues, soit aux réservistes, soit aux territoriaux, dans la forme prescrite par le règlement sur le service des frais de route.

Paiement des indemnités pour le retour. — Réservistes et territoriaux.

Art. 37. Avant leur départ, les réservistes et territoriaux reçoivent de leurs commandants d'unités les allocations auxquelles ils ont droit à titre d'indemnité de route pour rentrer dans leurs foyers, domicile ou résidence déclarée.

Art. 38. Les listes sont établies respectivement par chaque commandant d'unité et les paiements s'effectuent conformément aux règles tracées par le règlement sur les frais de route.

TITRE III.

ADMINISTRATION.

Dispositions générales.

Art. 39. Tous les documents relatifs à l'immatriculation des hommes et des officiers, ainsi que ceux afférents à l'administration et aux appels du temps de paix, sont établis et tenus par les soins du corps actif de rattachement. Ce corps établit également le journal de mobilisation du corps de réserve et du corps territorial, ainsi que les dossiers de mobilisation des différentes unités et des chefs de service.

Toutefois, en ce qui concerne les bataillons territoriaux du génie, les journaux et les dossiers de mobilisation sont établis et tenus à jour, suivant le lieu où ils se mobilisent, soit par les corps de troupe de l'armée active, auxquels ils sont rattachés, soit par le général commandant le génie ou un directeur du génie de la région.

Art. 40. Les unités des corps de réserve et de l'armée territoriale, convoquées en temps de paix, sont formées immédiatement après l'arrivée des éléments et dissoutes en fin de période.

Il est dressé procès-verbal de ces opérations par les soins des fonctionnaires de l'intendance.

Conseil d'administration.

Art. 41. Il n'est pas formé de conseil d'administration distinct. Les corps de réserve et de l'armée territoriale convoqués en temps de paix sont administrés directement par le conseil d'administration du corps actif de rattachement, même lorsque ces corps ou fractions de corps viendraient momentanément à être séparées du corps actif.

Fonds.

Art. 42. Les fonds nécessaires aux besoins du corps de réserve et du corps territorial sont assurés par les soins du corps actif qui prend les mesures utiles.

Toutefois, si en cas de séparation momentanée, il lui était absolument impossible de faire parvenir les fonds aux fractions de réserve ou territoriales, les perceptions seraient faites directement au Trésor par l'officier commandant le corps ou la fraction détachée; mais cette perception est subordonnée à une délibération préalable et conforme du conseil d'administration du corps actif.

Paiement de la solde et justifications des perceptions.

Art. 43. La perception à la caisse du corps actif des allocations revenant aux hommes des corps de réserve et des corps territoriaux, est justifiée par la production d'une feuille de prêt (modèle n° 3 annexé à la présente instruction) établie par chaque commandant d'unité; celle relative au paiement des officiers est appuyée d'une feuille d'émargement comprenant, en temps de paix, toute la période de convocation, alors même que celle-ci chevaucherait sur deux trimestres.

Etablissement des états comparatifs.

Art. 44. Pour faciliter le règlement des trop et moins perçus, le trésorier du corps actif établit, d'une manière distincte, pour le corps de réserve d'une part et pour le corps territorial, d'autre part :

1° Un état comparatif pour le traitement des officiers du corps de réserve ou du corps territorial;

2° Un état comparatif des perceptions en deniers (solde, indemnités, etc.) pour les hommes de troupe de chaque unité du corps de réserve ou du corps territorial;

3° Un extrait du registre des distributions de vivres et fourrages faisant ressortir les trop et moins perçus pour l'ensemble du corps de réserve ou du corps territorial.

Les états comparatifs établis pour les perceptions en deniers des hommes de troupe font ressortir distinctement les trop et moins perçus, pour la solde d'une part et pour l'indemnité de viande d'autre part.

Les bordereaux récapitulatifs des perceptions en deniers de la troupe sont également dressés d'une manière distincte pour le corps de réserve et pour le corps territorial.

Trop et moins perçus.

Art. 45. Le moins perçu qui résultera pour la troupe du droit constaté par les feuilles de journées, comparé aux perceptions en deniers est porté, en fin de période de convocation, en diminution au tableau n° 4 de la revue trimestrielle de liquidation du corps actif. Le trop perçu est remboursé à la caisse du trésorier du corps actif par les commandants d'unités.

Registres de comptabilité.

Art 46. Les commandants des unités de réserve ou territoriales sont pourvus, pendant les périodes de convocation du temps de paix :

1° D'un imprimé de l'état présentant le contrôle nominatif des officiers, sous-officiers, caporaux ou brigadiers et soldats ayant compté à l'effectif pendant la période de convocation et indiquant, en outre, les armes qui ont été délivrées, l'enregistrement des situations et mutations journalières, l'enregistrement de la solde de la troupe et des rations diverses perçues (modèle n° 4 annexé à la présente instruction);

2° D'un livret d'ordinaire;

3° D'un registre d'ordres et d'une couverture du carnet de comptabilité.

Art. 47. Ces différents documents sont fournis par le trésorier du corps actif, sauf le livret d'ordinaire qui est acheté sur les fonds de l'ordinaire de l'unité.

Ils sont remis, en fin de période de convocation, au trésorier chargé de la conservation de ces documents.

Inscription des périodes d'exercices, dispenses, ajournements.

Art. 48. A l'expiration de chaque période d'instruction, mention de l'accomplissement de cette période est inscrite au titre de chacun des hommes qui y ont pris part :

a. Sur le livret individuel. Cette inscription est toujours faite avant le départ de l'homme par les soins du corps qui l'a instruit;

b. Sur le livret matricule et sur le feuillet matricule et le répertoire général du corps d'affectation;

c. Sur le registre ou liste matricule du recrutement dont l'homme dépend et, éventuellement, du recrutement d'origine.

Des formules sont imprimées ou des colonnes sont ménagées pour ces inscriptions sur les divers documents indiqués ci-dessus. (Dans le cas où les documents en service ne contiendraient pas des formules imprimées, la mention serait portée à la main ou à l'aide d'un composteur dans la forme suivante : « a accompli une période d'exercice dans le du au ».)

On inscrit également sur les registres et listes matricules, sur les livrets matricules et les feuillets matricules, les dispenses, à l'encre, avec les motifs sommaires, les ajournements, au crayon.

Quant au livret individuel, il n'est pas retiré pour recevoir l'inscription des dispenses et des ajournements. Cette inscription n'y est portée que dans le cas où, pour une cause quelconque, le livret passe au bureau de recrutement.

TITRE IV.

SOLDE ET REVUES.

Allocations.

Art. 49. Le décret du 29 mai 1890 détermine les règles d'allocation de la solde pour les périodes de convocation du temps de paix ; les tarifs de solde du 27 décembre 1890 sont applicables aux corps de réserve et de l'armée territoriale dans les conditions déterminées par les règlements. Les officiers touchent la solde nette prévue aux tarifs.

Pour les officiers convoqués ayant pour rejoindre à effectuer un parcours donnant droit aux frais de route, on portera sur les ordres de service, comme date d'arrivée, la veille du jour où les intéressés doivent commencer leur service ; de même, après la période de convocation on portera sur lesdits ordres de service, comme date de départ, le lendemain du jour où l'officier cesse son service.

Les officiers dont il s'agit auront ainsi droit à la solde pour la journée pendant laquelle ils commencent leur service, ainsi que pour celle pendant laquelle ils le terminent.

Les allocations en deniers et en nature sont régularisées au titre du corps actif.

Etats de solde.

Art. 50. La somme nécessaire pour assurer le paiement du prêt de la troupe des corps de réserve et de l'armée territoriale, convoqués à des périodes d'exercices, est prélevée sur les ressources de la caisse du corps actif, jusqu'à l'établissement du plus prochain état de solde pour le corps actif ; sur cet état, la somme à percevoir, pour le corps de réserve ou pour le corps territorial, figure au recto, au titre « augmentation » avec le détail des effectifs. Ce n'est qu'en cas d'insuffisance de ressources pour assurer le paiement du prêt que le corps actif établit un état de solde supplémentaire. Un mode analogue de procéder est suivi pour le paiement du traitement des officiers.

Contrôles, situations administratives, feuilles de journées.

Art. 51. Pour la justification du droit aux allocations, il y a lieu d'appliquer, d'une manière générale, aux corps de réserve et aux corps territoriaux, les dispositions prévues pour les corps actifs.

Art. 52. Toutefois, pour la tenue des contrôles et l'établissement des situations administratives et des feuilles de journées, il est fait usage des modèles spéciaux joints à la présente instruction (nos 4, 5 et 6).

Art. 53. Les officiers de la réserve et de l'armée territoriale sont compris sur une feuille de journées spéciale établie par le trésorier. Les hommes sont également portés sur des feuilles de journées distinctes établies, concurremment avec celles tenues par le trésorier du corps actif, par le commandant de chaque unité de réservistes ou de territoriaux.

Art. 54. Les hommes de l'armée active détachés dans les unités de réservistes ou de territoriaux continuent d'être compris sur les situations administratives et sur la feuille de journées de l'unité active où ils comptent à l'effectif, pour toutes les prestations en deniers et en nature, sauf, le cas échéant, versement par les unités dont ils font partie, des frais de nourriture à l'ordinaire duquel ils participent.

Toutefois, dans le cas où les unités de réserve ou territoriales sont séparées pendant plusieurs jours du corps actif, les hommes de l'armée active détachés sont administrés, pendant la période de séparation, comme subsistants par les unités de réserve ou territoriales.

Art. 55. Dans un but de simplification, il convient, alors même que la période de convocation viendrait à chevaucher sur deux trimestres :

1° De n'établir qu'une seule feuille de journées pour les officiers et pour chaque unité, pour toute la période de convocation;

2° De comprendre également toutes les allocations perçues, soit par les officiers, soit par les hommes de troupe, sur la revue du corps actif établie pour le trimestre pendant lequel la période de convocation a pris fin;

3° De faire ressortir, sur ladite revue, d'une manière distincte, les allocations acquises aux hommes de la réserve, d'une part, et à ceux de l'armée territoriale, d'autre part.

Dispositions spéciales.

Art. 56. Les indemnités pour frais de bureau prévues pour les chefs de corps de réserve par l'article 7 du décret du 17 octobre 1895 remplacent les indemnités pour frais de service attribuées précédemment aux intéressés.

Les indemnités ne sont acquises que dans le cas où le corps de réserve est formé.

Le chef de bataillon ou d'escadron commandant exceptionnellement et à défaut du chef de corps empêché, un régiment de réserve d'infanterie ou de cavalerie, a droit à l'indemnité pour frais de bureau d'après le taux fixé pour le lieutenant-colonel chef de corps.

Pour la détermination de l'indemnité de frais de bureau attribuée aux majors des corps actifs chargés de l'administration des corps territoriaux, il y a lieu de tenir compte des hommes de la réserve de l'armée territoriale qui continuent d'être administrés par les corps de rattachement.

TITRE V.

SUBSISTANCES MILITAIRES.

Vivres.

Art. 57. Les hommes des corps de réserve et des corps territoriaux ont droit aux prestations du service des vivres dans les conditions indiquées par le règlement sur le service de la solde et par le règlement sur le service des subsistances pour les hommes des corps actifs.

Fourrages : 1° chevaux emmenés par les officiers.

Art. 58. Le droit aux rations de fourrages pour les chevaux emmenés par les officiers ne commence que du jour de l'entrée en solde de ces officiers. Il cesse en même temps que le droit à la solde des possesseurs de ces animaux.

Par modification à ces dispositions, les rations de fourrages sont acquises pour le cheval amené par les chefs de corps lorsque ce cheval sera laissé dans la garnison pendant l'intervalle de deux séries d'unités convoquées, que le possesseur de l'animal soit ou non présent au lieu de convocation pendant cet intervalle.

Les officiers de réserve ou de l'armée territoriale qui doivent être montés réglementairement ont droit, quand ils amènent des chevaux, en cas d'appel à l'activité ou de convocation pour les manœuvres, exercices ou revues, au nombre de rations de fourrage déterminé pour les officiers de même grade et de même arme de l'armée active sur le pied de paix et subsidiairement aux prestations de la masse de harnachement.

Ces dispositions sont applicables aux anciens élèves de l'Ecole polytechnique et de l'Ecole centrale appelés, dans les mêmes conditions, à faire leur troisième ou quatrième année de service comme sous-lieutenants de réserve.

2° Chevaux prêtés par les corps de troupe de l'armée active.

Les chevaux prêtés par les corps de l'armée active continuent d'être nourris par les soins des corps de l'armée active qui les ont prêtés, de telle sorte que les corps de la réserve ou de l'armée territoriale n'ont, pour ces chevaux, ni bons à établir, ni perceptions à faire, ni justifications à produire.

Etablissement de bons de vivres et de fourrages.

Art. 59. Les commandants d'unités établissent les bons pour les distributions de vivres en nature et de fourrages pour les chevaux emmenés par les officiers, aux dates fixées pour les distributions dans la place où stationne leur unité. Ces bons sont remis au trésorier du corps actif, qui est chargé d'établir le bon général pour l'ensemble du corps de réserve ou du corps territorial.

Chauffage.

Art. 60. Le chauffage auquel ont droit les corps de réserve et de l'armée territoriale leur est fourni par le corps actif. Le corps actif se crédite, dans sa feuille de journées de chauffage, des droits acquis par le corps de réserve ou territorial et fait mention, à l'arrêté de cette feuille, de la somme comprise dans son total, applicable à la réserve ou à l'armée territoriale.

Ordinaires.

Art. 61. Le chef de corps ou de détachement du corps de réserve ou de l'armée territoriale détermine, d'après les ressources locales, comment les sous-officiers doivent vivre. Si une pension ne peut être constituée, il règle le nombre d'ordinaires de sous-officiers à former, pour l'ensemble, en tenant compte de la contenance des marmites mises à sa disposition.

Les hommes de troupe vivent à l'ordinaire. Il est tenu dans chaque unité un ordinaire qui est dirigé, tenu est surveillé, conformément aux prescriptions du règlement sur la gestion des ordinaires de la troupe. Les effets de cuisine, les ustensiles de cuisine et ceux nécessaires pour les chambrées sont prêtés par les unités actives désignées par les chefs de corps.

Les unités de réserve ou territoriales n'ont donc à faire, pour le fonctionnement des ordinaires, d'autres achats que ceux concernant les denrées de diverses natures et les dépenses pour ingrédients de propreté, pour l'éclairage, pour le blanchissage à la charge des ordinaires, le chauffage leur étant fourni par les corps actifs.

Pour indemniser les unités actives de l'achat, de l'entretien et de l'usure des différents ustensiles, les unités de réserve ou territoriales versent dans la caisse du corps actif une somme prélevée sur les recettes des ordinaires fixée à 0 fr. 10 par homme (sous-officiers exceptés) ayant compté à l'effectif dans le cours de la période d'instruction.

Les chefs du corps actif répartissent cette somme entre les fonds particuliers et les fonds des ordinaires des différentes unités qui auront fourni des effets, objets, etc.

Toutes les fois qu'il y a possibilité et avantage pour les ordinaires des unités de la réserve et de l'armée territoriale, on les fait participer aux marchés passés pour les ordinaires de l'armée active. A cet effet, une mention spéciale est inscrite dans les marchés.

Si, après une période d'instruction, il reste une somme disponible sur les fonds des ordinaires, il en est fait l'emploi prévu par la décision présidentielle du 1er mars 1892.

TITRE VI.

HABILLEMENT, GRAND ÉQUIPEMENT, EFFETS DE PETIT ÉQUIPEMENT DE CUISINE ET DE PANSAGE.

1° Mesures générales.

Art. 62. Les corps actifs, de réserve et territoriaux doivent, pour l'habillement et l'équipement des hommes convoqués, se conformer aux prescriptions des articles 67 et suivants du règlement du 13 juin 1903 et de l'instruction du 14 du même mois. (*E. M.* 3.)

Ils peuvent, en outre, faire application des dispositions suivantes :

Les commandants de compagnie, d'escadron ou de batterie, prélèvent les effets destinés aux hommes de la réserve et de l'armée territoriale sur la collection de leur unité destinée aux périodes d'instruction. Les effets de drap de cette collection servant à la fois de tenue d'extérieur et de tenue d'exercices doivent, autant que possible, provenir directement de la collection no 2.

Dans tous les cas, les effets doivent être convenables et en bon état.

Pour tenir compte des difficultés d'essayage, il est remis au corps de réserve et de l'armée territoriale, un nombre d'effets supérieur d'un dixième à l'effectif des hommes à pourvoir. Les chefs de corps actifs prennent, d'ailleurs, pour assurer l'habillement des hommes de taille exceptionnelle, les dispositions prescrites par l'article 72 de l'instruction du 14 juin 1903, susvisée.

Les écussons au numéro du corps actif qui sont cousus sur les effets remis aux unités de réserve et de l'armée territoriale ne sont pas changés.

Les commandants des unités actives remettent aux unités de réserve et de l'armée territoriale les galons et autres insignes distinctifs nécessaires pour en pourvoir les effets destinés aux sous-officiers, aux caporaux ou brigadiers, aux tambours, clairons ou trompettes. Ces marques distinctives de grade ou d'emploi sont prélevées sur les ressources de la collection d'instruction des unités actives. Celles-ci sont chargées de les faire coudre.

Les commandants des unités de réserve et de l'armée territoriale font imprimer sur la doublure des effets le numéro matricule de l'homme. Ils reçoivent des commandants des unités actives les boîtes à marques nécessaires.

Lors de la réintégration, le numéro matricule est biffé par les soins de l'unité active qui a fourni les effets.

Des effets d'habillement neufs, du modèle réglementaire, peuvent être remis aux hommes qui en font la demande et qui consentent à en verser immédiatement la valeur à la masse d'habillement du corps actif. Ces effets sont prélevés, soit sur l'approvisionnement du corps, soit sur ceux des compagnies, escadrons ou batterie et leur valeur est versée au fonds commun. Dans le premier cas, ce versement fait recette définitive au fonds commun; dans le second cas, les fonds particuliers des unités qui ont fourni les effets sont remboursés de leur valeur par le fonds commun.

Ces effets sont inscrits sur les livrets matricules des hommes et emportés par eux après la période d'instruction.

2° Habillement.

Art. 63. Les hommes de la réserve et de l'armée territoriale qui ont été renvoyés dans leurs foyers avec des effets militaires sont tenus de les rapporter en bon état au moment des périodes d'instruction. Les commandants des unités auxquelles ils appartiennent s'assurent que cette obligation est observée et que les effets sont inscrits sur les livrets matricules des hommes. Si cette inscription n'a pas été faite, l'omission est réparée pendant la période de convocation.

Ceux de ces effets dont les pointures ne sont plus à la taille des hommes sont échangés à l'arrivée au corps contre d'autres effets convenant à cette taille. Ces derniers effets sont laissés aux hommes lors de leur renvoi dans leurs foyers et les unités actives qui les ont fournis reçoivent, en échange, les effets que l'homme avait apportés.

Les hommes qui ont servi dans des corps d'Afrique et qui convoqués dans un régiment de France, apportent des effets à l'uniforme de leur corps d'origine reçoivent, si le général commandant la brigade le prescrit, des vêtements à l'uniforme du corps dans lequel ils accomplissent leur période d'instruction. Les effets qu'ils ont apportés leur sont rendus au moment du départ.

Les hommes de la réserve et de l'armée territoriale doivent être munis pendant la période d'appel de tous les effets prévus par les instructions ministérielles.

Les képis délivrés aux sous-officiers et aux caporaux et brigadiers fourriers reçoivent la fausse jugulaire en métal.

Les effets civils (à l'exclusion de la coiffure) apportés par les hommes non gradés leur sont laissés. Ces militaires peuvent, en cas de nécessité, être autorisés à les porter, mais seulement à l'intérieur des casernes et comme vêtements de rechange. Cette tolérance ne doit, dans aucune circonstance, être accordée aux gradés.

3° Grand équipement.

Art. 64. Les réservistes de l'infanterie et du génie (intérieur) sont pourvus de trois cartouchières avec bretelle de suspension.

Les effets de grand équipement qui font défaut à la collection d'instruction sont prélevés sur la réserve de guerre.

4° Petit équipement et chaussures.

Art. 65. Les hommes sont libres de faire usage pendant la période d'appel des effets de linge et chaussure qu'ils apportent, mais ils n'ont droit de ce chef à aucune indemnité.

5° Effets de cuisine et de pansage.

Art. 66. Les unités actives désignées par les chefs de corps prêtent aux unités de réserve et territoriales les bourgerons de toile, pantalons de toile, sacs à distribution, nécessaires pour le service des cuisines et des ordinaires, ainsi que les effets pour le pansage des chevaux, dans les corps de troupe à cheval.

6° Dispositions spéciales aux adjudants et assimilés.

Art. 67. Les adjudants reçoivent des effets de drap neufs ou très bons prélevés sur les approvisionnements des unités des corps actifs (collection n° 1). Ces effets sont munis des galons de grade de l'arme, par les soins de ces unités.

Ils peuvent également recevoir des effets en drap de sous-officier rengagé provenant de réintégration.

Les adjudants des bataillons de zouaves et de tirailleurs qui, arrivent habillés sont, d'après l'ordre du général commandant le corps d'armée, soit laissés en possession de leur tenue spéciale, soit pourvus d'une tenue de sous-officier à l'uniforme du corps dans lequel ils sont appelés.

Cette dernière tenue leur est délivrée s'ils arrivent sans être habillés.

Les médecins et pharmaciens auxiliaires et les interprètes stagiaires sont pourvus de la même tenue que les adjudants, mais avec les attributs spéciaux de leur corps.

Les effets de grand équipement distribués aux adjudants et assimilés sont choisis parmi ceux des collections d'instruction ou d'extérieur.

Ces sous-officiers conservent, s'ils le désirent, pendant la durée de la période d'appel, les effets de petit équipement et de chaussures qu'ils apportent. S'il est nécessaire de les pourvoir de ces effets, il leur en est délivré de neufs ou de très bons.

Tous les effets distribués aux adjudants et assimilés sont réintégrés, à la fin de chaque période. Ils sont repris par les unités actives au classement « en cours de durée » (bon).

Il est tenu compte à ces unités de la perte résultant de ce changement de classement.

Dans ce but, les fonds particuliers sont crédités par le fonds commun de la différence entre le prix de ces effets au classement neuf et leur prix au classement en cours de durée. Les conseils d'administration poursuivent ensuite, et dans la forme ordinaire, le remboursement de cette moins-value par le budget de l'habillement.

7° Dispositions spéciales aux officiers et assimilés; Habillement.

Art. 68. Il est délivré gratuitement des effets d'habillement en drap de sous-officier (dolman ou tunique, pantalon d'ordonnance et képi), ainsi qu'un ceinturon en cuir verni avec dragonne en cuir, aux officiers qui en font la demande.

Toutefois, la dragonne n'est pas délivrée aux officiers appartenant aux services dans lesquels cet insigne n'est pas réglementaire.

Sont seuls exclus du bénéfice de l'allocation gratuite d'une tenue en drap de sous-officier, les officiers qui ont servi dans l'armée active et ceux qui ont reçu l'indemnité de première mise d'équipement comme officiers de réserve.

Les officiers et assimilés appartenant à des corps de troupe reçoivent leurs effets du corps qui les administre; ceux affectés à des formations étrangères aux corps de troupe les reçoivent d'un corps stationné dans la région où ils résident (1).

Les effets sont livrés neufs et sont prélevés sur les ressources de l'approvisionnement des corps actifs ou sur celles de la collection n° 1 (guerre et parade) des unités de ces corps. Le fonds commun ou les fonds particuliers, suivant le cas, sont remboursés de la valeur des effets, dans la forme ordinaire, par le budget de l'habillement (1).

Les effets ainsi délivrés sont inscrits, au moment de l'appel, sur le livret matricule de l'officier (feuillet de mutations). Les corps qui ont fourni les effets les portent en sortie définitive dans leurs comptes.

Les officiers emportent ces effets après la période d'exercices; ils sont tenus de les représenter en bon état aux appels suivants et de les conserver pendant tout le temps de service auxquel ils sont astreints par la loi du recrutement.

Les dispositions qui précèdent sont applicables aux médecins, pharmaciens, vétérinaires, officiers d'administration, etc., de la réserve et de l'armée territoriale.

Les officiers ou assimilés ayant droit à une tenue de sous-officier à titre gratuit et qui le demanderont, pourront recevoir des effets confectionnés sur mesure en drap de tenue de ville de sous-officier rengagé (1); mais, ils devront subir, sur leur solde, une

---

(1) Pour les officiers de corps de troupe, la livraison a lieu par les soins du corps actif chargé de la gestion des approvisionnements du corps auquel l'officier est affecté.

Pour les officiers sans troupe, y compris les officiers des *sections de chemins de fer de campagne*, le général commandant le corps d'armée

retenue égale à la différence entre le prix de la tenue en drap de sous-officier rengagé et le prix de celle en drap de sous-officier non rengagé.

Le montant de cette retenue sera versé au fonds commun du corps actif.

La tenue en drap de sous-officier rengagé n'est pas due aux officiers déjà pourvus d'une tenue en drap de sous-officier non rengagé.

Une tenue en drap de sous-officier rengagé peut leur être délivrée, mais non échangée contre l'ancienne; celle-ci sera conservée par l'officier et le prix de la tenue en drap fin de sous-officier rengagé sera entièrement à la charge de la partie prenante, qui en acquittera directement, et préalablement à la confection, le montant au profit du fonds commun du corps livrancier.

Les galons de grade, brides d'épaulettes, numéros brodés, attributs et boutons dorés, sont apposés sur les effets aux frais des officiers. Ils supportent également la dépense résultant de l'échange des galons.

Pour permettre au corps actif d'assurer, en temps utile, l'habillement des officiers de réserve et de l'armée territoriale, il est indispensable que les officiers convoqués, ayant droit à la délivrance d'effets, fassent connaître leurs besoins aux corps actifs, autant que possible un mois à l'avance, et leur envoient leurs mesures (1).

Lorsqu'un officier est rayé des cadres avant d'avoir accompli le temps de service exigé par la loi, les effets qu'il a reçus sont réintégrés au corps auquel il appartient, à la diligence de ce corps et par les soins de la gendarmerie. En cas de décès de l'officier, ses héritiers doivent opérer la réintégration de ses effets.

Si l'officier rayé des contrôles ou décédé est un officier sans troupe, cette réintégration est opérée à la diligence du sous-intendant militaire, qui prend les mesures nécessaires pour faire réintégrer les effets, aux frais de l'Etat, dans un corps susceptible de les utiliser, et stationné à proximité de la résidence de l'officier.

Le commandement doit, par suite, informer le sous-indant compétent de ces radiations et décès.

L'unité administrative à laquelle les effets sont remis rembourse

---

désigne le ou les corps de troupe qui doivent délivrer les effets nécessaires à ces officiers. Ces corps sont choisis parmi ceux dont l'uniforme comporte les effets à fournir ou des effets s'en rapprochant et qui sont stationnés à proximité de la résidence de l'officier. Les frais d'envoi aux intéressés sont à la charge de l'Etat.

(1) Dans les troupes à pied où la tenue des officiers comprend la tunique ample, il sera confectionné une tunique ample et non une tunique ajustée.

De même, il sera confectionné une vareuse pour les officiers ou assimilés appartenant à une arme ou service, dont la tenue de campagne comporte cet effet.

au budget de l'habillement le montant de leur valeur; déduction faite de la moins value.

Lorsque les effets sont en drap de sous-officier rengagé, l'unité administrative rembourse :

1° Au budget de l'habillement une somme représentant la valeur des effets réintégrés décomptée au prix des effets similaires de sous-officier du même classement;

2° A l'intéressé ou à ses ayants droit la différence entre cette somme et la valeur réelle des effets au moment de la réintégration.

Les remboursements au budget de l'habillement, prévus ci-dessus pour les effets en drap de sous-officier, sont limités aux effets du modèle réglementaire susceptibles d'être mis en service dans cette unité; les autres effets sont réintégrés à titre gratuit au classement hors de service et utilisés pour les réparations.

Pour les effets en drap de sous-officiers rengagés, les remboursements au budget de l'habillement sont également limités aux effets susceptibles d'être mis en service; mais les remboursements aux officiers ou héritiers intéressés s'appliquent à tous les effets sans distinction.

Les officiers qui ont accompli le temps de service exigé par la loi conservent de plein droit les effets qu'ils ont reçus.

8° Réintégration des effets et objets de toute nature.

Art. 69. Les effets et objets de toute nature sont réintégrés dans les conditions déterminées par l'article 73 du règlement du 13 juin 1903.

Les commandants d'unités ou fractions d'unités de réserve et territoriales sont astreints à faire eux-mêmes cette remise. Cette prescription doit être strictement appliquée.

9° Pertes ou dégradations.

Art. 70. Les commandants des unités de réserve ou territoriales sont responsables des pertes ou dégradations d'effets imputables à un manque de surveillance de leur part. Le montant de ces pertes est inscrit sur un bulletin d'imputation modèle n° 49 du décret du 14 janvier 1889; il sera versé à la masse d'habillement du corps actif (fonds communs ou fonds particuliers).

Lorsque la perte d'un effet provient du fait du détenteur, celui-ci peut être l'objet de l'une des mesures suivantes :

1° Peine disciplinaire déterminée par le général commandant le corps d'armée ou l'officier supérieur délégué; cette peine est subie dans un corps de l'armée active;

2° Traduction devant un conseil de guerre.

Les pertes, mises hors de service et dégradations (réparables), provenant du fait des réservistes ou territoriaux, sont régularisées au moyen de procès-verbaux prescrits par l'article 176 du décret du 14 janvier 1889, dans lesquels les mots « cas de force majeure » sont remplacés par ceux-ci : « résultant de l'appel des hommes de la réserve ou de l'armée territoriale ».

Une expédition de ces procès-verbaux est remise aux corps actifs qui avaient fourni les effets perdus ou détériorés. Le fonds particulier des unités livrancières est immédiatement crédité par le fonds commun du montant des pertes ou dégradations. Les conseils d'administration en poursuivent ensuite le remboursement par le budget de l'habillement.

Toutefois, par mesure exceptionnelle, dans certains cas dont les conseils d'administration ou, à défaut de conseils, les commandants de détachement seront juges, les imputations pour pertes ou dégradations, provenant de la négligence des hommes, pourront, en temps de paix, être prélevées sur les fonds d'économie.

10° Mode de justification d'effets délivrés.

Art. 71. Les corps territoriaux n'ont pas à tenir de comptabilité pour le service de l'habillement. Les effets ne sont délivrés qu'à titre de prêt aux commandants d'unités de réserve ou territoriales pour le corps de l'armée active. Les commandants de ces unités se bornent à signer les bons.

Ces bons ne sont que numériques.

11° Expériences d'habillement à faire pendant les convocations annuelles.

Art. 72. Afin de pouvoir vérifier si les lots destinés à l'habillement des unités territoriales sont composés d'effets correspondant à la taille des hommes, les généraux de brigade prescrivent, lorsqu'ils le jugent nécessaire, de faire des expériences pendant les périodes de convocation. Ils donnent à ce sujet des ordres au corps actif qui a les approvisionnements en charge, ainsi qu'aux unités territoriales appelées à essayer les effets.

Pour les expériences, on constitue des unités complétées à l'effectif de guerre, à l'aide des hommes convoqués, et on livre à chacune de ces unités un lot d'effets tel qu'il est préparé dans les magasins du corps (1).

Après la période d'appel, un rapport spécial, rédigé par le chef de corps de l'armée territoriale est adressé au Ministre sous le timbre de l'état-major de l'armée (1er Bureau).

---

(1) Il est bien entendu qu'il s'agit d'un simple essayage de ces effets et que, conséquemment, ils ne doivent pas être portés par les hommes.

TITRE VII.

COUCHAGE (1).

Art. 73. Les réservistes et les territoriaux, même non gradés, recevront toujours, pour leur couchage, à quelque époque de l'année qu'ils soient convoqués, lorsqu'ils seront casernés ou baraqués, les fournitures de soldat du service des lits militaires qui resteront disponibles après que tous les hommes de troupe de l'armée active casernés ou baraqués en auront été pourvus.

Cette distribution, toutefois, ne devra jamais être faite par prélèvement sur les fournitures qui, d'après l'article 70 du règlement du 30 septembre 1886, doivent se trouver dans les magasins du service des lits militaires pour cause de réparation périodique ou accidentelle.

Il est formellement interdit de dédoubler les fournitures des lits militaires pour le couchage des hommes de la réserve de l'armée active et de l'armée territoriale.

En cas d'insuffisance de couchettes ou de châlits, les paillasses sont placées directement sur le plancher.

A défaut de fournitures des lits militaires, les réservistes et les territoriaux casernés ou baraqués utilisent, pour leur usage, les couchettes et châlits laissés à demeure par l'armée active dans les casernes ou baraques qu'ils viennent occuper. Leur couchage est assuré au moyen de fournitures auxiliaires de campement composées chacune d'une enveloppe de paillasse, d'une enveloppe de traversin, d'un sac de couchage et d'une grande et d'une petite couverture.

La paille de couchage est délivrée par les soins du service de l'habillement et du campement à raison de :

10 kilogrammes par paillasse ;
2 kilogrammes par traversin.

Les corps perçoivent cette paille sur extrait de l'état d'effectif arrêté par le sous-intendant militaire, pour le nombre d'hommes annoncé par les bureaux de recrutement, déduction faite, s'il y a lieu, des fournitures des lits militaires disponibles dans la place.

Mais, comme ce nombre peut ne pas être atteint, chaque corps conserve une partie de la paille (6 p. 100 de l'effectif annoncé) dans l'état où elle a été distribuée, de manière à recevoir, dans le cas où elle ne serait pas employée, la destination ultérieure qu'indiquera le sous-intendant militaire.

Si elle est reversée en magasin, l'état d'effectif, tenant lieu de bon, est rectifié en conséquence.

La paille de couchage est renouvelée intégralement pour chaque série d'appel.

---

(1) Pour le couchage auxiliaire (paille et fournitures), voir les notices n°s 2 et 3 de la description du campement (édition refondue).

A défaut de grandes couvertures, on fait emploi d'un nombre double de petites couvertures.

Lorsque l'état de la température l'exige, la composition des fournitures auxiliaires de couchage peut être améliorée de la manière suivante :

Si les châlits font défaut, ces fournitures sont isolées, soit au moyen de paillassons; s'il n'existe pas de paillassons au moyen d'une allocation supplémentaire de paille calculée à raison de 2 kilog. 500 par fourniture.

Les commandants de corps d'armée restent juges de l'opportunité de ces distributions supplémentaires de couvertures et de paille de couchage.

Dans certaines localités, et suivant les instructions du Ministre, la paille ou le paillasson peut être remplacé par un isolateur en bois.

Les intendants militaires donnent aux corps de troupe telles instructions qu'ils jugent convenables pour qu'il soit tiré le meilleur parti possible de la paille provenant des paillasses et des traversins, à la fin de chaque série d'appel.

Les effets de couchage auxiliaire sont réintégrés conformément aux règles indiquées par la notice n° 3 de la description du campement.

Cette réintégration est faite par les commandants d'unités ou fractions d'unités de la réserve de l'armée active ou de l'armée territoriale, comme il est prescrit pour les effets d'habillement.

TITRE VIII.

ECLAIRAGE DES ESCALIERS ET DES CORRIDORS DES CASERNES.

Art. 74. L'éclairage des escaliers et corridors des casernes, dans lesquels sont logées les troupes de la réserve et de l'armée territoriale, est assuré par les soins et aux frais de l'armée active, dans les conditions réglementaires.

Le Ministre de la guerre,
G. Cavaignac.

° CORPS D'ARMEE.

—

DÉPARTEMENT

d

—

PLACE

d

—

Mois d

RÉSERVE DE L'ARMÉE ACTIVE

ET

ARMÉE TERRITORIALE.

INDEMNITÉ DE ROUTE

(1) {

(2) {

MODÈLE N° 1
modifié
annexé à l'instruction
ministérielle
du 18 mars 1896.

—

Circulaire
du 2 juin 1904.

(1) Indiquer le régiment de réserve ou le corps territorial.

(2) Indiquer le corps actif de rattachement chargé du payement ou, à défaut, le corps actif désigné par le commandement.

***BORDEREAU RÉCAPITULATIF** des listes nominatives destinées au payement de l'indemnité de route aux hommes de la réserve de l'armée active et de l'armée territoriale qui ont rejoint leur corps.*

DÉSIGNATION des UNITÉS.	SOMMES PAYÉES POUR		TOTAL DES SOMMES payées.	ÉMARGEMENT DES COMMANDANTS d'unités.
	indemnité kilométrique.	indemnité journalière.		

CERTIFIÉ le présent bordereau montant à la somme de

N° d'enregistrement au registre de route :

A , le 19 .

Le Trésorier du (1)

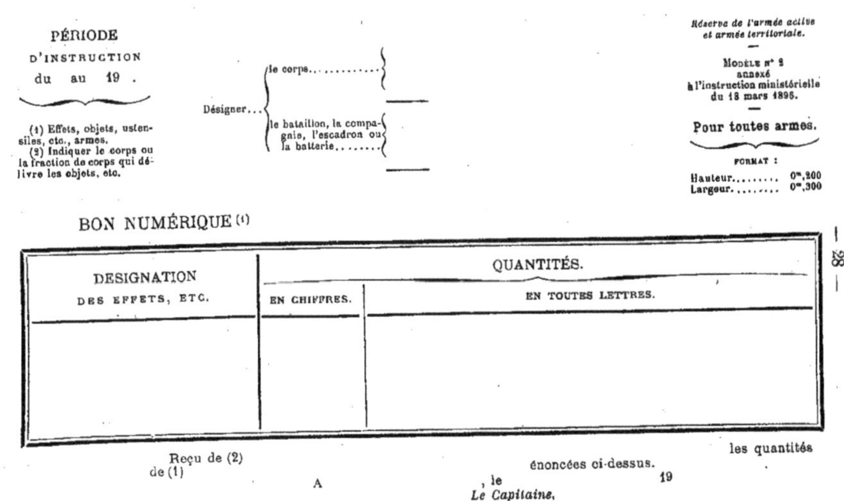

Réserve de l'armée active et armée territoriale.

MODÈLE n° 2 annexé à l'instruction ministérielle du 18 mars 1895.

Pour toutes armes.

FORMAT :

Hauteur......... 0m,200
Largeur......... 0m,300

PÉRIODE D'INSTRUCTION

du au 19 .

Désigner... le corps.............

le bataillon, la compagnie, l'escadron ou la batterie.......

BON NUMÉRIQUE (1)

DESIGNATION DES EFFETS, ETC.	QUANTITÉS.	
	EN CHIFFRES.	EN TOUTES LETTRES.

Reçu de (2) les quantités de (1) énoncées ci-dessus.

A , le 19

Le Capitaine.

(1) Effets, objets, ustensiles, etc., armes.
(2) Indiquer le corps ou la fraction de corps qui délivre les objets, etc.

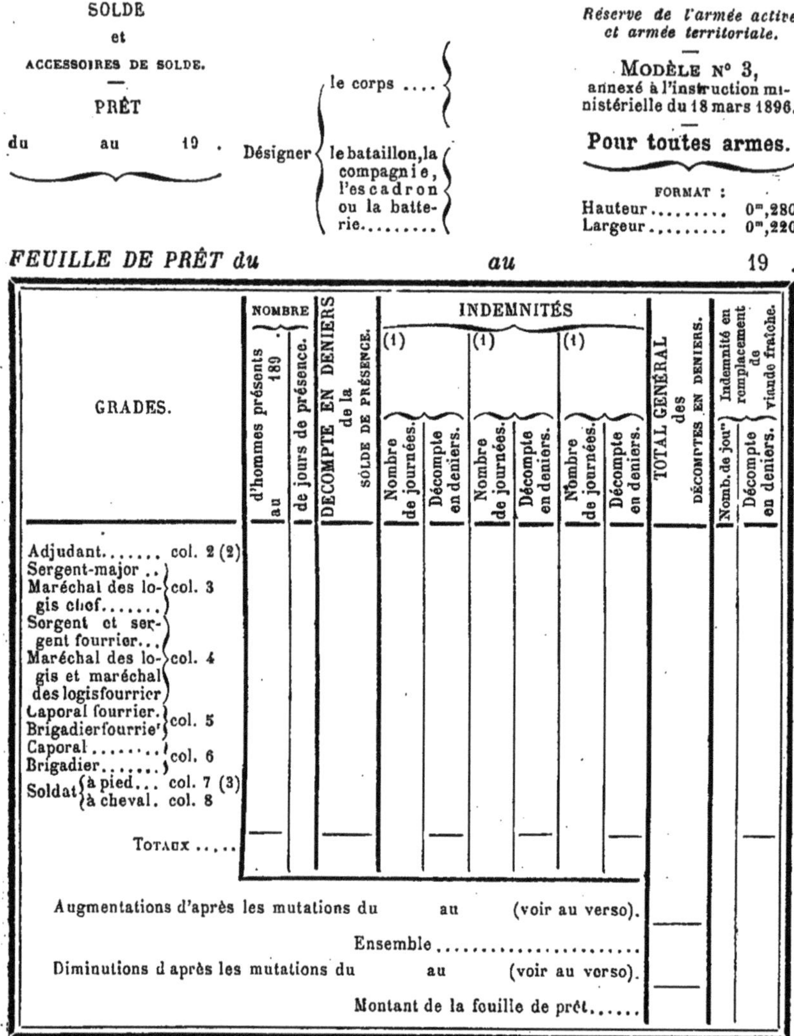

SOLDE
et
ACCESSOIRES DE SOLDE.

PRÊT

du au 19 .

Désigner { le corps .... } { le bataillon, la compagnie, l'escadron ou la batterie......... }

Réserve de l'armée active et armée territoriale.

MODÈLE N° 3,
annexé à l'instruction ministérielle du 18 mars 1896.

Pour toutes armes.

FORMAT :
Hauteur......... 0m,280
Largeur......... 0m,220

FEUILLE DE PRÊT du *au* 19 .

GRADES.	NOMBRE d'hommes présents au . 189	NOMBRE de jours de présence.	DÉCOMPTE EN DENIERS de la SOLDE DE PRÉSENCE.	INDEMNITÉS (1) Nombre de journées.	(1) Décompte en deniers.	(1) Nombre de journées.	(1) Décompte en deniers.	(1) Nombre de journées.	(1) Décompte en deniers.	TOTAL GÉNÉRAL des DÉCOMPTES EN DENIERS.	Indemnité en remplacement de viande fraîche. Nomb. de jour^s	Indemnité en remplacement de viande fraîche. Décompte en deniers.
Adjudant....... col. 2 (2)												
Sergent-major .. / Maréchal des logis chef....... } col. 3												
Sergent et sergent fourrier... / Maréchal des logis et maréchal des logis fourrier } col. 4												
Caporal fourrier. / Brigadier fourrier } col. 5												
Caporal .... / Brigadier....... } col. 6												
Soldat { à pied... col. 7 (3)												
Soldat { à cheval. col. 8												
TOTAUX												

Augmentations d'après les mutations du au (voir au verso).

Ensemble........................

Diminutions d'après les mutations du au (voir au verso).

Montant de la feuille de prêt......

(1) Indiquer la nature de l'indemnité.

(2) Ces numéros correspondent à ceux de la situation administrative et de la feuille de journées où sont inscrites les journées de solde correspondantes.

(3) Les tambours et clairons des corps d'infanterie et du génie et les trompettes de l'artillerie à pied, qui n'ont droit qu'à la solde à pied, figurent ici.

CERTIFIÉ par nous, capitaine commandant l'unité, la présente feuille de prêt montant à la somme de
dont quittance.

A , le 19

MUTATIONS du au 19 inclus et décompte y relatif.

NUMÉROS MATRICULES.	NOMBRE D'HOMMES par grade ayant fait la même mutation.	MUTATIONS.	NOMBRE DE JOURNÉES de solde de présence.	NOMBRE DE JOURNÉES D'INDEMNITÉS (1)	NOMBRE DE JOURNÉES D'INDEMNITÉS (1)	NOMBRE DE JOURNÉES D'INDEMNITÉS (1)	TOTAL DES DÉCOMPTES en deniers à porter d'autre part.	INDEMNITÉ en remplacement de viande fraîche. Nombre de jours.	INDEMNITÉ en remplacement de viande fraîche. Décompte en deniers.
		AUGMENTATIONS :							
		TOTAL des augmentations................							
		DIMINUTIONS :							
		TOTAL des diminutions..................							

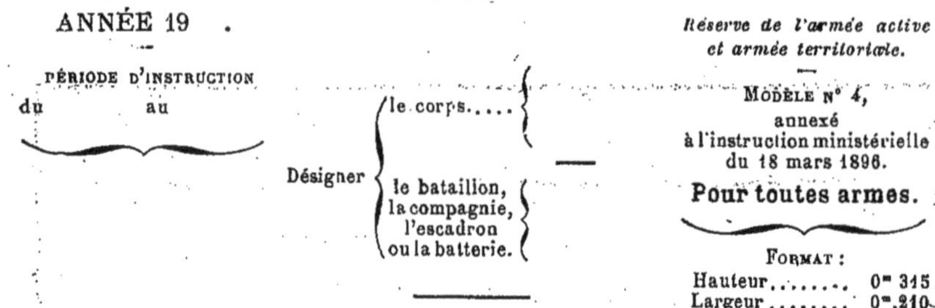
ANNÉE 19 .

PÉRIODE D'INSTRUCTION
du au

Désigner { le corps.... ; le bataillon, la compagnie, l'escadron ou la batterie.

Réserve de l'armée active et armée territoriale.

MODÈLE N° 4, annexé à l'instruction ministérielle du 18 mars 1896.

Pour toutes armes.

FORMAT :
Hauteur........ 0m 315
Largeur........ 0m,210

ÉTAT PRÉSENTANT :

1° *Le contrôle nominatif des officiers, sous-officiers, caporaux ou brigadiers et soldats ayant compté à l'effectif pendant ladite période d'instruction ; indiquant, en outre, les armes qui ont été distribuées ;*

2° *L'enregistrement des situations et mutations journalières ;*

3° *L'enregistrement de la solde de la troupe et des rations diverses perçues.*

Instruction pour la tenue du présent état.

1° *Contrôle.* — Tous les militaires comptant à l'effectif soldé y figurent ainsi que les chevaux que les officiers ont été autorisés à emmener.

Les hommes de troupe sont inscrits par grade ou emploi et, dans chaque grade ou emploi, par numéro matricule.

On laisse vacant, après chaque grade, un nombre de cases suffisant pour l'inscription des retardataires.

On indique par le chiffre 1 l'arme de chaque nature dont l'homme est détenteur.

2° *Enregistrement des situations et mutations journalières.* — L'effectif des présents à inscrire journellement ne doit comprendre que les hommes qui ont eu droit, pour cette journée, à la solde de présence à l'unité.

Le total des présents de la situation militaire et celui de la situation administrative (modèle n° 5) produites au même rapport, pour la journée de la veille, doivent présenter une corrélation absolue.

3° *Solde de la troupe et rations diverses perçues.* — Les prestations en deniers et en nature sont inscrites au fur et à mesure des perceptions et totalisées à la fin de la période d'instruction. Le capitaine, après avoir arrêté la feuille de journées, inscrit les allocations au-dessous des totaux relatifs aux perceptions et opère la balance des unes avec les autres pour faire ressortir les trop ou les moins perçus.

NOTA. — Le présent état est utilisé par les trésoriers pour le contrôle nominatif des officiers de l'état-major et pour les chevaux qu'ils auraient été autorisés à emmener avec eux.

1° *Contrôle*

OFFICIERS.			CHEVAUX EMMENÉS PAR LES OFFICIERS.	
NOMS.	GRADES et emplois.	MUTATIONS.	SIGNALEMENT sommaire.	MUTATIONS.

nominatif.

NOTA. — Les intercalaires ne comportent que le modèle de la troupe.

TROUPE.				ARMES PORTATIVES DISTRIBUÉES AUX HOMMES.									
				Armes à feu.					Armes blanches.				
NUMÉROS matricules.	NOMS.	GRADES et emplois.	MUTATIONS.	Fusil.	Carabine.	Mousqueton.	Revolver.		Sabre.	Épée.			

2° *Situation et mutations journalières.*

NOTA. — Pour la troupe, les grades sont inscrits à la main selon l'arme.

MOIS et DATES.	OFFICIERS.								TROUPE.														
	PRÉSENTS.					ABSENTS		EFFECTIF DES OFFICIERS.	PRÉSENTS.										ABSENTS.			EFFECTIF DE LA TROUPE.	MUTATIONS numériques.
		Capitaines.	Lieutenants.	Sous-lieutenants.	Total.	A l'hôpital.												Total des présents.	A l'hôpital.		Total.		

3° *Solde de la troupe et rations diverses perçues.*

DATES DES FEUILLES DE PRÊT ou des bons.	SOMMES REÇUES pour solde de la troupe.	VIVRES			FOUR-RAGES.		DATES DES FEUILLES DE PRÊT ou des bons.	SOMMES REÇUES pour solde de la troupe.	VIVRES			FOUR-RAGES.	
		Vivres-pain.							Vivres-pain.				
							Report..						
							Totaux..						
							Allocations....						
A reporter ...							Reçu : en trop.. en moins						

RÉSERVE
DE L'ARMÉE ACTIVE
et
ARMÉE TERRITORIALE.

Modèle n° 5,
annexé à l'instruction ministérielle du 18 mars 1896.

POUR TOUTES ARMES.

FORMAT :
Hauteur..... 0m,180
Largeur..... 0m,230

Désigner { le corps. / le bataillon, la compagnie, l'escadron ou la batterie. }

SITUATION ADMINISTRATIVE

présentant, par fixation de solde, l'effectif des présents à la date du , ainsi que les mutations qui ont modifié l'effectif de la veille dudit jour

Nota. — La situation remise chaque jour au rapport du matin fait connaître l'effectif des présents de la veille ; elle donne les mutations qui ont modifié, pour cette journée, les droits aux allocations.

PRÉSENTS.	JOURNÉES DE SOLDE DE PRÉSENCE								TOTAL DES JOURNÉES de présence.	CHEVAUX PRÉSENTS appartenant aux officiers.	
	Adjudant.	Sergent-major, maréchal des logis chef.	Sergent et sergent fourrier, maréchal des logis et maréchal des logis fourrier.	Caporal fourrier, brigadier fourrier.	Caporal, brigadier.	SOLDAT à pied.	SOLDAT à cheval.				
1	2	3	4	5	6	7	8	9	10	11	12
De l'unité.											

Observations : Les tambours et clairons des corps d'infanterie et du génie et les trompettes de l'artillerie à pied, qui reçoivent la solde à pied, figurent dans la colonne 7.

MUTATIONS AFFECTANT L'EFFECTIF DES PRÉSENTS
DU (1)

NUMÉROS matricules.	NOMS.	GRADES et EMPLOIS.	MUTATIONS. — NOTA. — Les officiers figurent en tête de ce tableau, quand ils ont fait mutation.

(1) Veille du jour de la date de la situation.
(2) Indiquer la fraction de corps.
(3) Date du rapport où la situation est produite.

CERTIFIÉ par nous commandant (2)

A , le (3) 19 .

VÉRIFIÉ par nous, Sous-Intendant militaire, la présente situation de laquelle il résulte que le total des journées de présence s'élève :

Pour les hommes de l'unité à .

Pour les chevaux à

A , le 19 .

OBSERVATIONS. — La situation produite pour le jour de l'entrée en solde des hommes et celle établie pour le jour du départ, présentent numériquement l'effectif par grade.

ᵉ CORPS D'ARMÉE.

DÉPARTEMENT
d

PLACE d

PÉRIODE D'INSTRUCTION
du au

(1) Caporaux ou brigadiers.

Arme... { }

Désigner { le corps..... } / le bataillon, la compagnie, l'escadron ou la batterie. }

Réserve de l'armée active et armée territoriale.

MODÈLE N° 6,
annexé
à l'instruction ministérielle
du 18 mars 1896.

Pour toutes armes.

FORMAT : 0m,315 sur 0m,21.

FEUILLE DE JOURNÉES NUMÉRIQUE ***présentant journellement les allocations en deniers auxquelles ont eu droit, pendant la période d'instruction du au 19 , les sous-officiers (1) et soldats de ladite unité, ainsi que les allocations en nature attribuées aux mêmes militaires.***

OBSERVATIONS

POUR LA TENUE DE LA FEUILLE DE JOURNÉES NUMÉRIQUE.

Les militaires ont droit aux allocations le jour du départ pour rentrer dans leurs foyers, si ce départ a lieu après le repas du matin. (Art. 10, tableau 1, position 54 du décret du 29 mai 1890.)

Aux termes de l'article 23 du décret précité sur la solde et les revues, les militaires qui entrent à l'hôpital après avoir pris le repas du matin ont droit : à la solde proprement dite; à la demi-indemnité de viande, à la demi-indemnité représentative de riz et de sel; à la demi-ration de pain; à la ration qui leur est normalement allouée en sucre et café.

Pour l'exécution de cette disposition, les hommes seront compris sur la feuille de journées numérique, pour les allocations de la journée entière, mais les demi-indemnités ou rations allouées ainsi en trop seront portées en diminution.

ALLOCATIONS EXTRAORDINAIRES.

1° *Indemnités.*

(2) }

En remplacement { de viande fraîche.... } / de riz, légumes et sel. } / de vin .... } / d'eau-de-vie .... }

2° *Fournitures en nature.*

Sucre et café................. }

(2) Indiquer la nature de l'indemnité.

(1) Indiquer la nature de l'indemnité.

MOIS et DATES.	JOURNÉES DE SOLDE DE PRÉSENCE.								TOTAL DES JOURNÉES DE PRÉSENCE.	INDEMNITÉ										NOMBRE DE RATIONS DE							Infirmiers recevant les vivres d'hôpital.
						Soldat				(1)			EN REMPLACEMENT									sucre et café					
	Adjudant.	Serg.-major, mar. des logis chef.	Serg. et serg. fourr., mar. des log. et mar. des log. fourrier.	Caporal fourrier, brigad. fourrier.	Caporal, brigadier.	à pied.	à cheval.			Adjudant.	Sous-off. des autres grades	Capor. ou brig. et sold.	de viande fraîche		Riz, légumes, sel (Algérie).	Vin		Eau-de-vie		Vivres-pain.		avec percolateur.			Sucre et café, vin ou eau-de-vie (Algérie).	Fourrages.	
													à	à		à	à	à	à								
1	2	3	4	5	6	7	8	9	10	11	12	13	14	15	16	17	18	19	20	21	22	23	24	25	26	27	28
TOTAUX.																											
Augmentations :																											
TOTAUX.																											
Diminutions :																											
RESTE.																											

DÉCOMPTE EN DENIERS DES ALLOCATIONS DE SOLDE ET DES INDEMNITÉS.

GRADES.	Journées de solde de présence.	Décompte en deniers des journées de solde et des indemnités.	OBSERVATIONS.
§ 1er. — *Solde* (1).			*Explications.* Sur les différences en plus ou en moins qui résultent de la comparaison des journées de présence avec le nombre de rations de vivres-pain alloué par la présente feuille.
TOTAUX			

2. — *Indemnités.*		Nombre de journées.	Décompte en deniers.
(2)	Adjudants..............		
	Sous-officiers des autres grades................		
	Caporaux ou brigadiers et soldats...............		
En remplacement	de viande fraîche à 0, ..		
	de viande fraîche à 0, ..		
	de riz, légumes et sel (Algérie).............		
	de vin........ à 0, ..		
	de vin........ à 0, ..		
	d'eau-de-vie... à 0, ..		
	d'eau-de-vie... à 0, ..		
TOTAL formant le crédit du capitaine commandant.			

Nombre de journées de présence....................	
A augmenter...........	
TOTAL.............	
A diminuer	
RESTE	
Nombre de rations de vivres-pain alloué par la présente feuille..................	
Différence... en plus	
Différence... en moins......	

Motifs du trop ou moins perçu.

(1) Indiquer à la main, selon l'arme, les grades portés aux colonnes 2 à 8 du tableau ci-contre.
(2) Indiquer la nature de l'indemnité.

Certifié par nous, capitaine commandant, la présente feuille de journées, de laquelle il résulte :

1° Que le décompte des allocations en deniers s'élève à la somme de

2° Que les allocations en nature se montent à :

rations de vivres-pain ;
idem
idem de sucre et café avec percolateur;
idem
idem
idem de sucre et café, vin ou eau-de-vie (Algérie) ;
idem
idem de fourrages à la composition de .
foin ;
paille ;
avoine.

A , le 19 .

Certifié l'exactitude des inscriptions et celle des décomptes.

Le Trésorier,

Vu et vérifié :

Le Sous-Intendant militaire,

BIBLIOTHEQUE NATIONALE DE FRANCE
3 7531 03293527 3

www.ingramcontent.com/pod-product-compliance
Ingram Content Group UK Ltd.
Pitfield, Milton Keynes, MK11 3LW, UK
UKHW021955260726
13994UKWH00004B/1757